CONCLUSIONS

POUR

M. BEAUFOUR

1° AU NOM ET COMME SYNDIC DE LA FAILLITE DE LA SOCIÉTÉ
GASTEL PÈRE ET FILS ET D'ADRIEN GASTEL.

2° AU NOM ET COMME ADMINISTRATEUR DE LA SUCCESSION GASTEL PÈRE,
AUX TERMES DE DEUX JUGEMENTS RENDUS PAR LE TRIBUNAL CIVIL DE
DE LA SEINE, LES 6 MAI 1856 ET 19 MAI 1866.

Appelant — THELLIER.

CONTRE

1° M. DESGROTTES

CRÉANCIER DE LA SUCCESSION GASTEL PÈRE.

Intimé — DESROUSSEAUX.

2° M. ROUGEMONT DE LOWEMBERG

Intimé — BÉTHEMONT.

3° M. BLACQUE

AU NOM ET COMME CESSIONNAIRE DE M. ROUGEMONT DE LOWEMBERG, AUX
TERMES D'UN ACTE REÇU PAR Mᵉ REAU, NOTAIRE A PARIS, LE 2 NO-
VEMBRE 1865.

Intimé — LESAGE.

Cour impériale
DE PARIS

CINQUIÈME CHAMBRE

Audience du Vendredi

Président
M. MASSÉ

4° M. MAES FRÈRES

Intimés et appelant incidemment

ROBERT.

5° M. ANDRÉ

Intimé

CABANNE

6° M. ET Mme DE POMPIGNAN

M. ADRIEN GASTEL

Intimés

DUMAS

7° M. ET Mme CLAUZEL

Intimés

GIOT

Il plaira à la Cour,

Statuant sur l'appel interjeté par Beaufour ès-nom du jugement rendu par le tribunal civil de la Seine, le 18 juillet 1867.

FAITS.

§ I

SOCIÉTÉ GASTEL PÈRE ET FILS — DÉCÈS — INVENTAIRE

Attendu que par acte du 29 mars 1864 dûment enregistré et publié, une Société a été formée entre Gastel père et fils pour continuer les affaires de la maison Gastel de Paris et de Saint-Pierre (Martinique).

Attendu que Gastel père est mort le 15 avril 1864, laissant de nombreux enfants et sa femme commune en bien ;

Attendu qu'il a été procédé par M° Carré, notaire, à l'inventaire des biens composant lesdites succession et communauté, le 28 septembre 1864 ;

Attendu que la dame Clauzel, fille de **M**. Gastel, a accepté la succession de son père sous bénéfice d'inventaire par déclaration faite au greffe du tribunal civil de la Seine, le 30 décembre 1864 ;

Attendu que cette déclaration a opéré la séparation du patrimoine de Gastel père d'avec celui de ses héritiers.

§ II

TRAITÉ ROUGEMONT — AFFECTATION HYPOTHÉCAIRE — INSCRIPTION

Attendu que par acte du 31 mai 1864, les héritiers Gastel ont fait avec M. Rougemont un traité par lequel il a été convenu :

1° Que la succession Gastel serait liquidé dans le plus bref délai ;

2° Que le produit de la liquidation serait versé à la caisse Rougemont ;

3° Que M. Rougemont fournirait les fonds nécessaires à la liquidation jusqu'à concurrence de 500,000 francs ;

4° Qu'une hypothèque serait conférée à **M. Rougemont** pour le garantir tant des avances antérieures que de celles qu'il ferait postérieurement au 31 mai 1864.

Attendu qu'en exécution de cette convention, et par acte des 6 et 9 août 1864, passé devant Roquebert, notaire à Paris, les héritiers Gastel et la veuve Gastel ont constitué une hypothèque sur des immeubles situés tant en France qu'à la Martinique, dépendant de la succession du sieur Gastel père ;

Attendu que des inscriptions ont été prises pour les sommes suivantes ;

1° Pour 197,518 fr. 40 cent., dus au jour du décès de Gastel père ci. 197.518 40

2° Pour 302 481 fr. 60 c., montant du crédit promis aux héritiers Gastel, par l'acte du 31 mai 1864, ci. . . 302.481 60

Total. . . . . 500.000 »

Attendu que par le même acte, Mme *V*^{e} *Gastel s'est portée caution hypothécaire envers M. Rougemont et a consenti toute antériorité au profit de ce dernier, mais jusqu'à concurrence seulement des sommes qui seraient dues par suite de l'ouverture de crédit du 31 mai 1864.*

Attendu qu'en vertu de cet acte des inscriptions ont été prises :

1° Aux hypothèques de Versailles, 13 août 1864, vol. 71, n° 12 ;

2° Aux hypothèques de Lisieux, le 16 août 1864, vol. 509, n° 294 ;

3° Aux hypothèques de Saint-Pierre-Martinique, le 19 septembre 1864, vol. 92, n° 61 ;

4° Aux hypothèques de Fort-de-France, le 22 septembre 1864, vol. 89, n° 25 ;

Attendu que ces hypothèques ont été constituées et les inscriptions prises dans les six mois qui ont suivi l'ouverture de la succession, contrairement aux prescriptions de l'art. 2111, C. Civ.

§ III

DEMANDE EN DÉCLARATION DE FAILLITE DE GASTEL PÈRE, DE LA SOCIÉTÉ DE GASTEL PÈRE ET FILS ET DES HÉRITIERS GASTEL. — JUGEMENT. — OPPOSITION DESGROTTES. — JUGEMENT DE DÉBOUTÉ. — APPEL. — — ARRÊT.

Attendu que les héritiers Gastel n'ayant pu faire face au paiement du passif tant de la Société Gastel père et fils que de Gastel père, trois demandes en déclaration de faillite ont été dirigées contre eux ;

Attendu que par deux jugements des 7 février et 24 mai 1865, le Tribunal de commerce de Paris a déclaré en faillite ;

1° Les héritiers Gastel ;

2° La Société Gastel père et fils ;

3° Gastel père personnellement ;

Attendu que par exploit du 19 juin 1865, le sieur Desgrottes a formé opposition au jugement du 24 mai susénoncé déclaratif des faillites de Gastel père et fils et Gastel père personnellement ;

Attendu que par jugement du 2 août 1865, le Tribunal de commerce de Paris, a débouté Desgrottes de son opposition.

Attendu que ce jugement a été déclaré commun à Rougemont de Lowemberg ;

Attendu que ce jugement a été frappé d'appel :

1° Par les héritiers Gastel demandant le rapport de leur faillite personnelle et soutenant qu'ils n'avaient été que les liquidateurs de la Société Gastel père et fils ;

2° Par M. Desgrottes, demandant le rapport de la faillite de Gastel père et de la Société Gastel père et fils ;

Attendu que sur ces divers appels, il est intervenu en cette chambre de la Cour, le 6 avril 1866, un arrêt qui :

1° A rapporté la faillite de Gastel père et celle des héritiers Gastel;

2° A maintenu la faillite de la Société Gastel père et fils et d'Adrien Gastel ;

3° A fixé au 31 octobre 1864, l'ouverture desdites faillites.

Attendu que cet arrêt a été rendu contradictoirement avec MM. Rougemont, Maës frères et autres créanciers de la Société Gastel père et fils, et la dame veuve Gastel ;

Attendu que cet arrêt fait aujourd'hui la loi de toutes les parties en cause ;

(V. Ann. du 1er mémoire, p. 57).

Attendu que cet arrêt décide que les héritiers Gastel ont agi comme liquidateurs de la succession du père commun.

§ IV

DEMANDE EN SÉPARATION DE PATRIMOINE DESGROTTES. — INSCRIPTION.

Attendu que le sieur Desgrottes a, suivant exploits des 1ᵉʳ octobre et 4 novembre 1864, formé opposition sur la succession Gastel entre les mains de divers débiteurs;

Attendu que, par exploit du 14 novembre 1864, il a assigné les héritiers Gastel :

1° En validité des oppositions sus-énoncées ;

2° En déclaration de séparation de patrimoine;

3° En condamnation au paiement de la somme de 344,500 francs;

Attendu que le sieur Desgrottes, a pris inscription sur les immeubles dans les six mois de l'ouverture de la succession, les 12 et 13 septembre et 12 octobre 1864 ;

Attendu que depuis, et par exploit du 30 avril 1866, le sieur Desgrottes a assigné Beaufour ès-noms en déclaration de jugement commun ;

Attendu que Desgrottes a donc formé régulièrement une demande en séparation de patrimoine.

§ V

VENTE DES IMMEUBLES. — DEMANDE EN ATTRIBUTION DE PRIX PAR ROUGEMONT. — SUBROGATION DANS L'HYPOTHÈQUE LÉGALE. — INTERVENTION DESGROTTES-MAES.

Attendu que, suivant exploit du 22 août 1866, le sieur Rougemont a formé contre Beaufour ès-noms et les héritiers Gastel une demande en attribution du prix des immeubles, en vertu de l'hypothèque constituée à son profit par les héritiers Gastel, le 9 août 1864 ; et de la subrogation dans l'hypothèque légale de la dame veuve Gastel ;

Attendu que le sieur Desgrottes est intervenu et a demandé la nullité des inscriptions prises par Rougemont, contrairement aux dispositions de l'art. 2111, C. Civ. ;

Attendu que MM. Maës frères sont intervenus et ont pris les mêmes conclusions.

§ VI

CONCLUSIONS BEAUFOUR ES-NOM

Attendu qu'en présence de ces diverses demandes le sieur Beaufour a conclu :

1° **A** la séparation du patrimoine de Gastel père d'avec celui de ses héritiers ; en vertu, tant de la demande Desgrosses que de l'acceptation bénéficiaire de la dame Clauzel du **30 décembre 1864** ;

2° **A** l'attribution à la Société Gastel père et fils de toutes les valeurs mobilières dépendant des maisons de commerce de Paris et de la Martinique ;

3° **A** l'attribution à la société Gastel père de tous les immeubles et des prix de vente ;

4° **A** la nullité des inscriptions Rougemont et au rejet de la demande en attribution ;

5° **A** ce que Desgrottes fut admis sans privilége ni préférence et au marc le franc dans la distribution de l'actif de la succession Gastel :

6° A la main-levée des oppositions Desgrottes, et des inscriptions prises, tant par ce dernier que par Rougemont ;

§ VII

JUGEMENT

Attendu que, le jugement dont est appel a (V. *Annexe*, p. 1) :

1° Attribué à la Société Gastel père et fils tout l'actif mobilier commercial, fait mainlevée des oppositions Desgrottes et autorisé Beaufour à toucher les valeurs composant ledit actif ;

2° Prononcé la séparation de patrimoine au profit de Desgrottes, et ordonné le prélèvement sur le prix des immeubles du montant de la créance du sieur Desgrottes, pour être distribué à qui de droit ;

3° Validé les inscriptions Rougemont et attribué à ce dernier le surplus du prix des immeubles après le prélèvement ci-dessus ;

4° Prononcé la séparation de patrimoine au profit de Maës et André, mais seulement en ce qui concerne les immeubles ;

5° Réservé sur la somme prélevée l'effet des inscriptions de séparation de patrimoine ;

6° Déclaré nulle la subrogation consentie à Rougemont par Mme veuve Gastel dans son hypothèque légale.

§ VIII

SITUATION FAITE AUX PARTIES PAR LEDIT JUGEMENT

Attendu qu'il résulte de ce jugement :

1° Que les valeurs mobilières sont attribuées à la faillite de la Société Gastel père et fils ;

2° Que ces valeurs sont le gage exclusif des créanciers sociaux :

3° Que les immeubles ou leurs prix sont attribués à la succession Gastel père ;

4° Que le prix desdits immeubles, s'élevant à 500,000 francs, est affecté jusqu'à concurrence de la créance Desgrottes à une contribution dont les ayants droit sont indéterminés, et le surplus à M. Rougemont, créancier hypothécaire de 500,000 francs ;

5° Que les créanciers héréditaires, qui n'ont pas requis la séparation de patrimoine, ou qui l'ont requise tardivement, ne recevront rien, à raison de l'antériorité hypothécaire dudit Rougemont.

§ IX

MOTIFS DE FAIT ET DE DROIT

Attendu que cette décision des premiers juges repose sur les principes et faits suivants :

Eɴ ᴅʀᴏɪᴛ :

1° La demande en séparation de patrimoine constitue l'exercice d'un droit individuel, et ne profite qu'à celui qui l'a formée;

2° Le créancier hypothécaire de l'héritier est bien primé par le créancier de la succession qui a formé la demande en séparation de patrimoine, mais il prime les créanciers de l'hérédité qui n'ont pas, ou ont tardivement demandé cette séparation;

3° Le créancier qui a obtenu la séparation de patrimoine doit être payé de l'intégralité de sa créance.

Eɴ ꜰᴀɪᴛ :

4° L'acceptation bénéficiaire de la dame Claured est tardive, et partant elle n'a pas opéré la séparation de patrimoine.

§ X

SYSTÈME DE L'APPELANT

Attendu que, pour justifier l'appel par lui interjeté, le sieur Beaufour émet et démontre les propositions suivantes :

PROPOSITIONS

1° La demande en séparation de patrimoine, formée par un créancier de la succession, profite à tous et opère comme l'acceptation bénéficiaire;

2° Le créancier qui a demandé cette séparation de patrimoine n'a ni privilége, ni droit de préférence à l'encontre de ses co-créanciers ;

3° Le système qui consiste à attribuer au créancier qui a obtenu la séparation de patrimoine, sa part contributoire dans l'actif, et à colloquer après lui le créancier hypothécaire de l'héritier, au détriment des autres créanciers de la succession, doit être rejeté ;

4° Les prix des immeubles de Gastel père doivent être affectés aux créanciers de la succession, et M. Rougemont doit être déclaré non recevable dans sa demande en attribution de prix ;

EN DROIT :

5° L'acceptation bénéficiaire opère séparation de patrimoine ;

EN FAIT :

L'acceptation bénéficiaire de la dame Clauzel, en date du 30 décembre 1864, et précédée de l'inventaire du 28 septembre 1864, a fait de la succession Gastel père une succession bénéficiaire, et a opéré la séparation de patrimoine.

Cette acceptation, NON ATTAQUÉE, doit être maintenue et produire ses effets, puisque le retard n'est pas une cause de déchéance.

Dans tous les cas, la déchéance ne peut être invoquée que par les créanciers de la succession.

6° L'acte de constitution hypothécaire et les inscriptions prises par Rougemont doivent être annulés :

1° En vertu de l'article 2111 du Code Napoléon, qui ne permettait pas de s'inscrire dans les six mois et avant le 15 octobre 1865 ;

2° *En vertu de l'article 2146 du Code civil;*

3° *Pour défaut de capacité des héritiers agissant comme liquidateurs;*

4° *En vertu de l'article 447 du Code co.;*

5° *Pour fraude aux créanciers, en vertu de l'article 1167 du Code
civil;*

7° *L'appel incident de Rougemont est non recevable et mal fondé;*

DISCUSSION

PREMIÈRE PROPOSITION

*La demande en séparation de patrimoine formée par un créancier de
la succession profite à tous, et opère comme l'acceptation bénéficiaire.*

Attendu que les biens d'un débiteur sont le gage commun de ses
créanciers;

Attendu que le décès d'un débiteur ne peut enlever à ses créanciers le gage sur lequel ces derniers ont dû légalement compter;

Attendu que les biens du défunt se confondent avec ceux de son
héritier pur et simple en vertu du principe : *le mort saisit le vif;*

Attendu que pour sauvegarder les créanciers de la succession
contre cette confusion préjudiciable, la loi a institué : le *bénéfice
d'inventaire* et la *séparation de patrimoine;*

Attendu que le bénéfice d'inventaire opère la séparation de patrimoine, bien qu'un seul héritier, sur plusieurs, accepte bénéficiairement (art. 782, C. civ.);

Attendu que cette séparation s'opère sans le concours des créanciers et par le simple fait de l'acceptation bénéficiaire révélant aux tiers le bénéfice d'inventaire;

Attendu que la demande en séparation de patrimoine, formée par un seul créancier, doit, comme l'acceptation bénéficiaire par un seul héritier, profiter à tous;

Attendu, en effet, que la jurisprudence sur la séparation de patrimoine opérée par l'acceptation bénéficiaire, repose uniquement sur ce motif:

« QUE LA DÉCLARATION FAITE AU GREFFE CONSTITUÉ UNE PUBLICITÉ A « L'ÉGARD DES TIERS; »

Attendu que la publicité résultant d'une inscription prise par l'un des créanciers de la succession est bien autrement importante dans l'intérêt des tiers;

Attendu qu'en cette matière les créanciers de la succession ont un intérêt commun et agissent pour l'hoirie entière contre les créanciers des héritiers;

Attendu que les créanciers de l'héritier ne peuvent se plaindre, puisqu'ils n'ont pu compter sur un émolument héréditaire que déduction faite des dettes de cette hérédité;

Qu'ainsi, en droit, en fait, en équité, il y a lieu de déclarer;

« *Que la séparation de patrimoine profite à tous les créanciers de*
« *l'hérédité.* »

DEUXIÈME PROPOSITION

*Le créancier qui a demandé la séparation de patrimoine n'a ni
privilége, ni droit de préférence à l'encontre de ses co-
créanciers.*

Attendu que la séparation de patrimoine peut être demandée
par un simple créancier chirographaire, et même en vertu d'une
permission du juge, comme en matière de saisie-arrêt ;

Attendu que la jurisprudence et la doctrine sont unanimes pour
reconnaître qu'il n'y a ni privilége, ni préférence, ni antériorité au
profit du créancier qui a obtenu la séparation de patrimoine contre
ceux qui ne l'ont pas demandée. (**V. Doc.**, p. 1.)

TROISIÈME PROPOSITION

Le système qui colloque :

1° *Le créancier ayant obtenu la séparation de patrimoine pour une
somme égale à la part qu'il aurait eue dans la contribution ouverte*

entre tous les créanciers de l'hérédité ;

2° *Le créancier hypothécaire de l'héritier ;*
doit être rejeté.

Attendu que le système du droit individuel et privatif en matière
de séparation de patrimoine, entraîne les conséquences les plus
désastreuses pour les créanciers de la succession ;

Attendu, en effet, que ce système a pour principe de laisser le créancier inscrit, en vertu des articles 898 et 2111, dans la position que lui aurait faite la répartition de l'actif héréditaire, et de préférer le créancier hypothécaire de l'héritier aux autres créanciers de la succession ;

Attendu qu'en appliquant ces principes à l'espèce, M. Desgrottes n'aurait droit sur le prix des immeubles qu'à la part que lui aurait donnée la distribution du prix entre tous les créanciers de l'hérédité ;

Attendu que par contre le sieur Rougemont aurait droit de recevoir le prix des immeubles, sauf *la part réduite* et contributoire affectée au sieur Desgrottes ;

Qu'il y aurait lieu pour Rougemont de s'opposer au prélèvement d'une somme égale à la créance de Desgrottes ;

Attendu qu'un pareil système ne saurait être admis et doit être rejeté.

QUATRIÈME PROPOSITION

La demande en attribution de prix de Rougemont doit être rejetée, et le prix des immeubles affecté aux créanciers de la succession Gastel père pour leur être réparti au marc le franc.

Attendu qu'il résulte des principes ci-dessus :

1° Que la séparation de patrimoine demandée par un créancier de la succession profite à tous ;

2º Que cette séparation ne constitue ni privilége, ni préférence entre les créanciers de l'hérédité :

3º Qne dès lors le prix des immeubles étant absorbé par les créanciers de la succession, il y a lieu de rejeter la demande en attribution de Rougemont, de faire mainlevée de ses inscriptions et d'autoriser Beaufour en sa qualité d'administrateur à recevoir ledit prix.

CINQUIÈME PROPOSITION

EN DROIT :

L'acceptation bénéficiaire opère séparation de patrimoine, et cette séparation survit à la déchéance du bénéfice d'inventaire.

EN FAIT :

L'acceptation bénéficiaire de la dame Clauzel, en date du 30 décembre 1864, et précédée de l'inventaire du 28 septembre 1864, a fait de la succession Gastel père une succession bénéficiaire, et a opéré la séparation de patrimoine.

Cette acceptation NON ATTAQUÉE doit produire ses effets, et ne peut être d'office écartée par le juge.

Le retard n'entraine pas déchéance, et dans tous les cas la déchéance ne peut être invoquée que par le créancier de la succession.

Attendu qu'il est constaté en fait :

1º Que Gastel père est décédé le 15 avril 1864 ;

3

2° Que l'inventaire fait après son décès est du 28 septembre 1864 ;

Attendu que la dame Clauzel a toujours agi comme héritière bénéficiaire, et qu'elle figure en cette qualité dans l'arrêt rendu par cette chambre le 6 avril 1864.

Attendu que, depuis le 30 décembre 1864 jusqu'à ce jour, aucune demande en déchéance du bénéfice d'inventaire n'a été formée contre la dame Clauzel, soit pour inventaire incomplet, soit pour retard dans la confection dudit inventaire et dans la déclaration d'acceptation bénéficiaire ;

Attendu, surabondamment et en droit, qu'aux termes de l'article 800 C. N. :

« *L'héritier conserve, après l'expiration du délai accordé par l'article 795..., la faculté de faire encore inventaire, s'il n'a pas fait acte d'héritier, ou s'il n'existe pas contre lui de jugement passé en force de chose jugée qui le condamne en qualité d'héritier pur et simple.* »

Attendu qu'en cet état le tribunal ne pouvait d'office écarter l'acceptation bénéficiaire de la dame Clauzel et priver les créanciers de la succession du bénéfice de la séparation de patrimoine qui en résultait (**V.** *Ann.*, p. 13) ;

Attendu que l'acte de constitution d'hypothèque du 6 août 1864 ne saurait être opposé à la dame Clauzel comme un acte d'adition d'hérédité ;

Attendu, en effet, que cet acte est purement d'administration, et reconnu tel par l'arrêt de la Cour du 6 avril 1864 ;

Attendu que le retard dans la confection de l'inventaire, ou la déclaration d'acceptation bénéficiaire ne saurait entraîner la déchéance du bénéfice d'inventaire.

Qu'il y a donc lieu de déclarer :

« *Que la succession de Gastel père est une succession bénéficiaire,* »

Attendu, en droit, que le bénéfice d'inventaire opère séparation de patrimoine, et que cette séparation survit même à la déchéance de ce bénéfice.

Que la jurisprudence est constante (*V. Doc., p. 14*) ;

Attendu que, dès lors, et sans qu'il soit besoin de statuer sur tous autres moyens, la demande de Rougemont en attribution de prix doit être rejetée.

SIXIÈME PROPOSITION.

L'acte de constitution hypothécaire et les inscriptions prises par Rougemont doivent être annulés ;

1° En vertu de l'article 2146 qui interdit toute inscription sur une succession bénéficiaire ;

2° En vertu de l'article 211, qui ne permet pas l'inscription dans les six mois de l'ouverture de la succession ;

3° Pour défaut de pouvoir des héritiers liquidateurs ;

4° En vertu de l'article 446 et suivant du Code de commerce ;

5° En vertu de l'article 1167, C. civ.

Attendu qu'il est constant en fait :

1º Que Gastel père est décédé le 15 avril 1864 ;

2º Que la constitution hypothécaire consentie par les héritiers est du 6 août 1864, quatre mois après l'ouverture de la succession ;

3º Que les inscriptions ont été prises les 13 et 16 août, 19 et 22 septembre 1864, avant l'expiration des six mois à partir de l'ouverture de la succession ;

4º Que la société en nom collectif Gastel père et fils a été déclarée en faillite par jugements des 7 février et 24 mai et 12 aôut 1865 confirmés par arrêt du 6 avril 1866 ;

5º Que l'ouverture de la faillite a été fixée au 31 octobre 1864 ;

6º Que Gastel père était notoirement insolvable à l'époque de son décès.

Attendu qu'en présence de ces faits il y a lieu d'examiner les moyens de nullité relevés contre l'hypothèque et les inscriptions de Rougemont.

I

NULLITÉ DES INSCRIPTIONS EN VERTU DE L'ARTICLE 2146 C. C.

Attendu que le succession Gastel est une snccession bénéficiaire ;

Attendu qu'aux termes de l'article 2146 c. c., toute inscription est interdite, sur succession acceptée sous bénéfice d'inventaire ;

Attendu que le sieur Rougemont ne saurait arguer du retard apporté dans la déclaration d'acceptation bénéficiaire ;

Attendu en effet que les trois mois et 40 jours accordés à l'héritier par l'article 795 Cod civ., à partir du 15 avril 1864 jour de l'ouverture de la succession n'expiraient que le 25 août 1864.

Attendn que les inscriptions prises sur les biens de France l'ont été les 13 et 16 aout 1864 ;

Que le sieur Rougemont n'a pas même attendu l'expiration des dits délais ;

Attendu que le sieur Rougemont ne saurait prétendre avec plus de succès, que la dame Claurel est devenue héritière pure et simple par son concours à l'acte du 6 août 1864 ;

Attendu, en effet, que cet acte ne constitue pas une aliénation emportant d'échéance du bénéfice d'inventaire, (V. *Ann.*; p. 16).

Attendu que l'arrêt de la cour du 6 avril 1866 déclare que les héritiers Gastel n'ont fait qu'acte d'administrateur et de liquidateur ;

Attendu dans tous les cas que la déchéauce doit être demandée et prononcée par justice, ce qui n'a pas eu lieu ; qu'ainsi les inscripteurs doivent être annulées.

2°

NULLITÉ FONDÉE SUR L'ART. 2111 C. C.

Attendu que l'art. 2111 Cod. C. donne six mois aux créanciers de la succession pour prendre une inscription de séparation de patrimoine et ajoute :

« *Avant l'expiration de ce délai, aucune hypothèque ne peut être*
« ÉTABLIE AVEC EFFET *sur ces biens, par les héritiers ou représentants*
« *au préjudice de ces créanciers ou légataires.* »

Attendu que cette disposition, sainement interprétée, restreint le droit qui appartient à l'héritier pur et simple, d'hypothéquer les immeubles de la succession et que cette restriction dure six mois;

Attendu qu'on ne peut davantage, durant ces six mois de prohibition, prendre inscription ;

Attendu qu'on objecte vainement que la constitution hypothécaire et l'inscription peuvent être consenties, sauf à n'avoir pas d'*effet*, s'il survient des inscriptions de séparation de patrimoine ;

Attendu que cette interprétation est contraire au texte et à l'esprit de l'art. 2111 qui place les immeubles pendant six mois hors de la disposition des héritiers ;

Que la constitution hypothécaire est nulle ; que dans tous les cas, les inscriptions prises au cours des six mois sont nulles — puisqu'elles n'ont pas été renouvelées depuis.

3°

NULLITÉ RÉSULTANT DU DÉFAUT DE POUVOIR DES HÉRITIERS LIQUIDATEURS

Attendu que si le bénéfice d'inventaire et le moyen qui précèdent sont repoussés, la nullité de l'acte du 6 août 1864 doit être prononcée pour défaut de pouvoir des héritiers liquidateurs ;

Attendu qu'il résulte de l'acte de dissolution de la société Gastel père et fils et de l'arrêt du 6 août 1864 que les héritiers étaient les liquidateurs de la Société Gastel père et fils, et de la succession Gastel père ;

Attendu qu'en cette qualité, ils ne pouvaient consentir une hypothèque sur les immeubles héréditaires ;

Qu'il y a donc lieu d'annuler le titre et les inscriptions Rougemont.

4°

NULLITÉ DE L'ART 447 C. C.

Attendu en droit qu'aux termes de l'art. 447 Cod. Civ. :

« *Tous autres paiements faits par le débiteur pour les dettes échues,*
« *et tous autres actes à titre onéreux par lui passés après la cessation*
« *de ses paiements, et avant le jugement déclaratif de faillite, pour-*
« *ront être annulés si, de la part de ceux qui ont reçu du débiteur*
« *ou de ceux qui ont traité avec lui, ils ont eu lieu avec connaissance*
« *de la cessation de ses paiements.* »

Attendu que Rougemont a traité, le 6 août 1864, avec les héritiers Gastel, liquidateurs de la Société Gastel père et fils, et en pleine connaissance de la cessation de paiement de son débiteur ;

Attendu que l'acte lui-même prouve cette cessation de paiement que justifient du reste tous les documents du procès.

5°

NULLITÉ FONDÉE SUR L'ARTICLE 1167 C. C.

Attendu que, soit comme syndic de la faillite de la Société Gastel père et fils, soit comme administrateur de la succession Gastel père, Beaufour a qualité, intérêt et droit pour exercer l'action révocatoire ;

Attendu qne le traité du **6 août 1864** est fait en fraude des droits des créanciers et pour assurer à Rougemont un droit de préférence, malgré la déconfiture notoire du sieur Gastel ;

Qu'il y a donc lieu d'annuler le titre et les inscriptions.

SIXIÈME PROPOSITION.

L'appel incident de Rougemont doit être déclaré non recevable et mal fondé.

Adoptant les motifs des premiers juges ;

PAR CES MOTIFS :

Recevoir Beaufour appelant du jugement rendu par le tribunal civil de la Seine, le **18 juillet 1867** ;

Décharger l'appelant des condamnations contre lui prononcées par ledit jugement, et des dispositions qui lui font grief ;

Emendant et faisant ce que les premiers juges auraient dû faire.

En ce qui touche Desgrottes et toutes les parties en cause :

Déclarer la séparation du patrimoine de Gastel père, d'avec le patrimoine de ses héritiers, régulièrement accomplie au profit de tous les créanciers de l'hérédité, conformément aux articles 878 et 2111 du code Napoléon, en vertu de la demande formée par Desgrottes et des inscriptions par lui prises dans les six mois de l'ouverture de la succession ;

Dire que la séparation des patrimoines, au profit des créanciers de Gastel père, a été acquise à ces derniers par l'acceptation bénéficiaire de la dame Clauzel, l'une des héritières, en date du 30 décembre 1864 ; laquelle non attaquée doit produire ses effets.

Déclarer la succession Gastel père succession bénéficiaire ;

Dire, en conséquence, que les biens composant la succession de Gastel père, sont et demeurent affectés par privilége à ses créanciers personnels à l'exclusion des créanciers de ses héritiers.

En ce qui touche Desgrottes personnellement :

Dire que le sieur Desgrottes est simple créancier chirographaire, n'ayant ni privilége, ni cause de préférence dans la succession de Gastel père ;

Dire que la demande en séparation de patrimoine par lui formée, et les inscriptions par lui prises ne lui confèrent aucun droit privatif à l'encontre des autres créanciers de la succession de Gastel père, et qu'il viendra au marc le franc dans la distribution de l'actif de l'hérédité ;

Faire défense au sieur Desgrottes de produire à aucun ordre soit sur les prix des immeubles de la Martinique, soit sur les prix des immeubles de France.

Faire main levée pure, simple, entière et définitive :

1° Des inscriptions prises au bureau des hypothèques de Fort-de-France, le 11 septembre 1864, vol. 88, n° 266, et 14 octobre 1864, vol. 89, n° 68;

2° Des inscriptions prises à Saint-Pierre, le 19 septembre 1864, vol. 92, n° 61, et 12 octobre suivant, vol. 92, n° 148;

3° De l'inscription prise au bureau des hypothèques de Lisieux, le 15 octobre 1864, vol. 510, n° 28;

4° L'inscription prise au bureau des hypothèques de Versailles, le 13 octobre 1864, vol. 713, n° 44;

Autoriser Beaufour, en sa qualité d'administrateur de la succession Gastel père, à donner main levée desdites inscriptions, prises dans l'intérêt collectif des créanciers de la succession Gastel père.

Dire que sur le vu soit desdites mains levées, soit du jugement à intervenir, les conservateurs des bureaux des hypothèques ci-dessus énoncés seront tenus de radier lesdites inscriptions, à quoi faire contraints, quoi faisant, bien et valablement quittes et déchargés.

En ce qui touche Rougemont et Blacque :

Sans s'arrêter ni avoir égard aux demandes, fins et conclusions de Rougemont, dont il sera débouté;

Déclarer nul et de nul effet l'acte de constitution hypothécaire du 6 août 1864;

Ensemble les inscriptions suivantes prises par ledit sieur Rougemont en vertu dudit acte :

1° Au bureau des hypothèques de Versailles, le 13 août 1864,
vol. 71, n° 12 ;

2° Au bureau de Lisieux, le 10 août 1864, vol. 509, n° 294 ;

3° A Saint-Pierre-Martinique, le 19 septembre 1864, vol. 92,
n° 61 ,

4° A Fort-de-France, le 22 septembre 1864, vol. 89, n° 95 ;

En vertu des articles 2146, 2111, 1167 Code civ., et 447 Code de
commerce.

En conséquence, dire que sur le vu du jugement à intervenir, les
conservateurs desdits bureaux seront tenus de radier lesdites inscriptions, à quoi faire contraints, quoi faisant déchargés ;

Ce faisant,

Déclarer le sieur Rougemont purement et simplement non reee-
cevable et mal fondé dans ses demandes des 17 janvier et 22 août
1866, en attribution du prix de vente des immeubles dépendant
de la succession de Gastel père et sur lesquels portaient lesdites inscriptions ;

En ce qui touche toutes les parties :

Autoriser Beaufour en qualité d'administrateur de la succession
de Gastel père à toucher de **M.** le directeur de la Caisse des consignations établie à Paris, les prix de vente :

1° De la ferme de Ménil-Auger adjugée au sieur Desvaux, le 27 septembre 1864, lequel a été déposé à la Caisse des consignations de
Paris, à la date du 1er août 1865.sous le n° 31546 pour **162,799 fr. 12 c.**,
ensemble tous intérêts produits et à produire par cette consignation
jusqu'au jour de son retrait ;

2° Le prix de l'immeuble situé à Maisons-Laffitte, adjugé au sieur Delaporte, par jugement du 21 août 1865, sous le n° 33931 par 57,365 fr. 75 c. ensemble tous intérêts produits et à produire par cette consignation jusqu'au retrait de ladite somme;

Dire que lesdits acquéreurs ou dépositaires seront tenus de se libérer aux mains de Beaufour, à quoi faire contraints, quoi faisant déchargés;

En ce qui touche l'appel incident de Rougemont :

Déclarer ledit appel nul, non recevable et, dans tous les cas, mal fondé.

Renvoyer les parties à produire soit à la faillite, soit à la contribution, sous réserve de contester soit le chiffre de leur créance, soit leur droit à l'admission;

Déclarer l'arrêt à intervenir commun à toutes les parties en cause;

Ordonner la restitution de l'amende consignée sur l'appel principal;

Condamner les intimés aux dépens de première instance et d'appel, et Rougemont en l'amende et aux dépens de son appel incident dont distraction à M. Thellier, avoué, aux offres de droit.

THELLIER, *avoué.*

DUTARD, *avocat.*

ANNEXES

JUGEMENT DONT EST APPEL DU 18 JUILLET 1867

Le Tribunal :

Joint les causes, attendu leur connexité et l'absence de tout intérêt contraire;

Donne défaut contre Hubert non comparant ni personne pour lui, quoique régulièrement appelé;

Reçoit Rougemont de Lowemberg, Maës frères, André et Blacque frères, intervenants, attendu leur intérêt;

Statuant par un seul jugement;

Attendu que le 29 mars 1864, une Société en nom collectif a été formée entre Gastel père et son fils Adrien Gastel;

Que l'apport de Gastel père consistait dans la totalité de ses valeurs actives, telles qu'elles résultaient des derniers bilans des maisons de commerce qu'il dirigeait à Paris et à la Martinique;

Que cet acte n'a pas été transcrit;

Attendu que le 15 avril 1864, Gastel père est décédé, laissant sa veuve ayant été commune en biens avec lui, et quatre enfants :

Adrien Gastel, et les dames Bardou, Assier de Pompignan et Clauzel.

Que la veuve Gastel n'a pas renoncé à la communauté;

Que la dame Clauzel a déclaré n'accepter la succession que sous bénéfice d'inventaire;

Mais que cette déclaration n'est intervenue que postérieurement au délai fixé par la loi, à savoir : le 30 décembre 1864;

Qu'il avait été procédé à un inventaire qui, commencé seulement le 28 septembre de la même année, est demeuré incomplet et n'a pas été clôturé;

Attendu qu'aux termes d'un acte reçu Roquebert, notaire à Paris, en date du 31 mai 1864, les héritiers Gastel ont affecté hypothécairement au profit de Rougemont de Lowemberg, la ferme de Mesnil-Mauger, une maison, sise à Maisons-Laffitte, et différents immeubles, sis à la Martinique, pour lui assurer le remboursement de la somme de 500,000 francs, composée :

1° De celle de 197,518 fr. 40 c., dont Gastel se serait trouvé débiteur envers lui au moment de l'ouverture de la succession;

2° De celle de 302,482 fr. 60 c. qu'il s'engageait à mettre à leur disposition pour les besoins de la liquidation;

Que la veuve Gastel est intervenue à cet acte pour renoncer au profit de Rougemont de Lowemberg à l'hypothèque légale qu'elle pouvait avoir sur les immeubles hypothéqués et lui consentir toute antériorité sur elle-même.

Attendu que Desgrottes, se prétendant créancier d'une somme de

344,500 fr., a pris inscription de séparation de patrimoine sur les immeubles situés à la Martinique les 13 septembre et 12 octob. 1864, et aux bureaux de Lisieux et de Versailles le 15 du même mois ;

Qu'André, comme créancier de la somme principale de 2,001 f. 25 c. a requis une pareille inscription aux bureaux de Lisieux et de Versailles, mais seulement le 7 et 10 décembre 1864 ;

Attendu, enfin, qu'un arrêt de la Cour de Paris, en date du 6 avril 1866, infirmant en cette partie un jugement du Tribunal de commerce de la Seine, en date du 2 août 1865, a rapporté la déclaration de faillite antérieurement prononcée de Gastel père et des héritiers Gastel et a, au contraire, confirmé ledit jugement en ce qu'il avait maintenu en état de faillite la Société Gastel père et fils et Adrien Gastel personnellement ;

Que Beaufour, précédemment nommé syndic des diverses faillites, a été, en outre, par un jugement de ce Tribunal, chargé de l'administration provisoire de la succession ;

Attendu qu'en cet état des faits, le Tribunal est appelé par les conclusions respectives des parties :

1° **A déterminer les valeurs qui doivent être considérées comme faisant partie de l'actif de la Société aujourd'hui en faillite et celles qui constituaient l'actif de la succession ;**

2° **A apprécier la valeur de l'acte consenti au profit de Rougemont de Lowemberg tant à l'égard de l'affectation hypothécaire consentie par les héritiers Gastel, qu'en ce qui concerne la subrogation par la dame Gastel, dans le bénéfice de son hypothèque légale ;**

3° **A** juger la question de savoir si, par l'effet de l'acceptation sous bénéfice d'inventaire de la dame Clauzel, la séparation de patrimoines s'est opérée au profit de tous les créanciers de la succession;

4° **A** rechercher quels effets doivent être attribués aux inscriptions prises par Desgrottes et André, et aux conclusions afin de séparation de patrimoine prises tant par eux que par **Maës** frères;

5° **A** statuer relativement à l'incription de **Hubert**;

6° **A** évaluer la créance d'**André** qui demande condamnation contre la veuve et les héritiers Gastel, tant comme représentant Gastel père, que comme s'étant personnellement engagés par un prétendu mandat;

7° **A** dire si la veuve Gastel doit être, dès à présent, déclarée déchue du bénéfice de l'article **1483** du Code Napoléon, à défaut par elle d'avoir procédé à un bon et fidèle inventaire, et en outre quels doivent les effets des inscriptions d'hypothèque légale par elle requises.

SUR LA PREMIÈRE QUESTION

Attendu que la Société avait pour objet la continuation des affaires des maisons de commerce dirigées par Gastel père;

Que l'apport de ce dernier, fait dans les termes qui ont été ci-dessus relatés, comprenait la totalité de l'actif de ces maisons;

Que le mobilier personnel de l'associé n'en faisait pas partie.

Attendu, à l'égard des immeubles, que l'acte constitutif de la Société n'ayant pas été transcrit, il ne s'est pas opéré une aliénation qui soit opposable aux tiers et notamment aux créanciers de Gastel père ;

Qu'ainsi lesdits immeubles ou leurs prix sont demeurés en dehors de la faillite ;

SUR LA SECONDE QUESTION

Attendu que les héritiers Gastel avaient qualité pour hypothéquer les immeubles de la succession, sauf l'effet de la séparation de patrimoine, pouvant exister au profit de tous les créanciers de Gastel père ou de certains d'entre eux.

Mais attendu, quant à la subrogation dans le bénéfice de l'hypothèque légale, qu'aux termes de l'art. 563 du Code de commerce, la femme n'a pas hypothèque sur les immeubles acquis par le mari pendant le mariage à un autre titre que par succession ou donation, lorsque ce dernier était commerçant au moment du mariage ;

Attendu que Gastel père était commerçant à l'époque de son mariage ;

Que la preuve de ce fait, qui n'est pas dénié, résulterait au besoin du contrat qui a précédé cette union et auquel il est dit que l'apport du futur époux consistait notamment dans son intérêt et ses bénéfices dans une maison de commerce établie à Paris sous la raison sociale Dequevauvillier, Gastel et Cie ;

Que, d'autre part, tous les immeubles qui appartenaient à Gastel au moment de son décès avaient été acquis par lui, à titre onéreux, au cours du mariage ;

Attendu que s'il a été souverainement jugé que Gastel père n'est pas décédé dans un tel état d'insolvabilité que sa faillite ait dû être déclarée, l'article 563 du Code de commerce n'en doit pas moins régir entre ses créanciers le partage de son actif ;

Que bien que ledit article soit placé au nombre de ceux qui réglementent l'état de faillite, ses termes sont cependant généraux et ne prévoient pas exclusivement une faillite judiciairement prononcée ;

Que la déclaration de faillite étant la conséquence habituelle de l'insolvabilité du commerçant, la disposition dont il s'agit devait être placée au titre de la faillite, mais qu'elle a pour but de faire obstacle à une fraude qui enrichirait la femme au détriment des créanciers, et que, par une identité de motifs non contestable, elle doit trouver son application dans tous les cas où la femme du commerçant insolvable se trouvant en concours avec ses créanciers, la fraude pourrait se produire.

Attendu dès lors que l'acte dont Rougemont de Lowemberg est bénéficiaire, valable comme constitutif d'un droit hypothécaire nouveau, n'a pu lui transmettre l'effet d'une hypothèque légale qui n'existait pas au profit de la cédante.

SUR LA TROISIÈME QUESTION

Attendu que si l'acceptation bénéficiaire peut avoir pour les créanciers de la succession le même effet qu'une séparation de patrimoines régulièrement formée par eux, il n'en peut être ainsi qu'autant que cette acceptation a été précédée, conformément au vœu de la loi, d'un bon et fidèle inventaire, déterminant les biens qui doivent constituer leur gage exclusif;

Que l'inventaire tardif et incomplet, auquel il a été procédé après le décès de Gastel, n'a pu avoir pour ses créanciers un pareil effet, et notamment les relever de la déchéance résultant contre eux de l'absence d'une inscription requise dans les six mois du décès;

SUR LA QUATRIÈME QUESTION :

Attendu que les diverses inscriptions de Desgrottes, même celles qui n'ont été prises que le 15 octobre 1864, sont intervenues en temps utile;

Qu'en effet les délais fixés par la loi ne comprennent pas le jour où se produit l'événement qui les fait courir, et que, par suite, le décès de Gastel père étant survenu le 15 avril 1864, ses créanciers pouvaient valablement requérir jusqu'à la fin du quinzième jour du mois d'octobre de la même année l'inscription qui, aux termes de l'art. 2111 du Code Napoléon, devait être prise dans les six mois de l'ouverture de la succession;

Attendu que les inscriptions valablement prises par Desgrottes ne peuvent avoir effet que jusqu'à concurrence des causes de la créance qui les a motivées ;

Qu'aucune disposition de la loi n'investit le créancier qui

prend l'inscription, d'un mandat en vertu duquel il procéderait dans l'intérêt collectif de la masse creancière;

Qu'au contraire, les termes dans lesquels sont conçus les art. **878** et **2111** du Code Napoléon supposent l'exercice d'un droit individuel et privatif;

Attendu qu'il en résulte qu'une somme égale à la créance de Desgrottes doit être distraite du prix des immeubles que ses inscriptions ont frappé, le surplus dudit prix étant susceptible d'attribution au profit de Rougemont de Lowemberg et de Blacque frères, ses cessionnaires partiels;

Que Desgrottes ne conclut pas a une attribution définitive a son profit, mais demande seulement le renvoi a la contribution pour y être statué sur la question de savoir quels sont ceux des créanciers de Gastel auxquels profitera la séparation de patrimoine;

Que le Tribunal n'a donc pas, quant à présent, à rechercher s'il ne résulte pas pour Desgrottes, de l'inscription par lui prise, un droit qui, primant celui de Rougemont de Lowemberg, primerait à plus forte raison le droit des autres créanciers de la succession, auxquels l'inscription de ce dernier est opposable;

Qu'il convient seulement de réserver sur la somme qui sera ultérieurement distribuée par voie de contribution, l'effet desdites inscriptions de séparation de patrimoines;

Attendu que la créance de Des Grottes et celle de Rougemont de Lowemberg ne sont pas quant à présent liquides;

Qu'il y a compte à faire à cet égard;

Attendu que l'inscription d'André, requise par lui plus de six mois après l'ouverture de la succession, est inopposable aux créanciers hypothécaires ;

Que ses conclusions afin de séparation de patrimoine, n'ayant été prises par lui que plus de trois années après le décès de son débiteur, sont également inefficaces à l'égard des valeurs purement mobilières, aux termes de l'art. 804 du Code Napoléon ;

Que la disposition finale du même article autorisant l'exercice de l'action des créanciers sur les immeubles, tant qu'ils existent entre les mains de l'héritier, il en résulte que ladite demande *doit avoir effet sur les immeubles dépendant de la succession ou leur prix ;*

Attendu au contraire que les conclusions de Desgrottes et de Maës sont intervenues en temps utile ;

Qu'ainsi et sauf l'effet des inscriptions hypothécaires, la séparation des patrimoines doit être prononcée à leur profit ;

SUR LA CINQUIÈME QUESTION :

Attendu que Hubert, créancier inscrit, n'ayant pas comparu, doit être considéré comme renonçant à se prévaloir de l'inscription existant à son profit au bureau de Lisieux.

SUR LA SIXIÈME QUESTION :

Attendu que la créance d'André paraît susceptible d'une réduction ;

Que le tribunal n'a point, quant à présent, les documents nécessaires pour la fixer ;

Qu'elle doit donner lieu ultérieurement à un examen contradic-
toire, lors de la production soit à la faillite, soit à la contribution ;

Qu'il n'y a lieu de statuer quant à présent, les droits du concluant
expressément réservés ;

SUR LA SEPTIÈME QUESTION :

Attendu qu'aucune condamnation ne devant intervenir par le
présent jugement contre la veuve Gastel, les conclusions afin de
déchéance du bénéfice de l'art. 1483 du Code Napoléon sont préma-
turées ;

Attendu qu'il résulte de ce qui a été dit relativement aux droits
de Rougemont de Lowemberg que ladite dame ne peut avoir, sur
les immeubles dont le prix est en distribution, aucun droit d'hypothèque légale ;

Par ces motifs :

Dit que les valeurs mobilières délaissées par Gastel père, à l'exclusion du mobilier à son usage personnel, font partie de l'actif de
la Société d'entre lui et Adrien Gastel ;

Autorise Beaufour, syndic de la faillite de cette Société, à toucher
lesdites valeurs qui seront ultérieurement réparties entre les ayant-
droits, conformément aux dispositions du Code de Commerce ;

Fait en conséquence main-levée pure et simple, entière et définitive, des saisies-arrêts signifiées à la requête de Desgrottes suivant exploits de Langlet, huissier à Saint-Pierre de la Martinique, en date des 1er et 4 octobre 1864, aux mains de Fabre et Cie, Feyssal et Cie, Théophrate et Oscar Reynal et Cie, Brafin, Massel et Cie, de Pellerin, de Latouche et Nérat;

Ordonne que par-devant M. Fougère-Desforts, juge, que le tribunal commet à cet effet, et qui, en cas d'empêchement, sera remplacé sur simple requête, Desgrottes, Rougemont de Lowemberg et Blacque frères établirent le compte de leurs créances, et ce, contradictoirement entre eux, et en présence de Beaufour, administrateur de la succession et de la veuve, et des héritiers Gastel ;

Dit qu'il sera distrait sur le prix des immeubles actuellement en distribution, et jusqu'à épuisement, une somme égale au solde de la créance de Desgrottes en principal, intérêts et frais, pour être, la dite somme, comprise à la distribution qui sera ultérieurement suivie, l'effet des inscriptions de séparation des patrimoines expressément réservé.

Pour le cas où lesdits prix ne seraient pas absorbés par la distraction qui vient d'être ordonnée.

Attribue les sommes restant libres à Rougemont de Lowemberg et à Blacque frères, ses cessionnaires, jusqu'à concurrence du solde de leur créance;

Prononce la séparation du patrimoine de Gastel père et de celui de ses héritiers au profit de Desgrottes et de Maës frères, la prononce également au profit d'André, mais seulement en ce qui concerne les immeubles ayant appartenu à Gastel père ou leurs prix;

Fait main-levée pure et simple, entière et définitive, de l'inscription prise au bureau de Lisieux et militant au profit de Hubert ;

En ordonne la radiation ;

Dit qu'il n'y a lieu de statuer quant à présent :

1° Sur la demande d'André afin de condamnation ;

2° Sur la demande dirigée contre la veuve Gastel afin de déchéance du bénéfice de l'art. 1482 du Code Napoléon ;

Fait main-levée pure et simple, entière et définitive, des inscriptions prises par la dame Gastel, au bureau des hypothèques de Fort de France, les 13 octobre 1859 et 12 décembre 1864 ;

Ordonne la radiation desdites inscriptions ;

Déclare les parties mal fondées quant au surplus de leurs conclusions ; les en déboute ;

Dit que le présent jugement sera levé par Beaufour ès-noms, qui devra en aider toutes les parties en cause ;

Compense les dépens qui seront employés par Beaufour en frais de syndicat d'administration et d'ordre, par Desgrottes, Rougemont de Lowemberg, Blacque frères, Maës frères et André, en frais accessoires de leurs créances ;

Commet Gautier, huissier-audiencier, pour signifier le jugement au défaillant.

10887 PARIS. — TYPOGRAPHIE ET LITHOGRAPHIE RENOU ET MAULDE, RUE DE RIVOLI, 144.

§ I

L'héritier bénéficiaire n'est pas déchu de plein droit du bénéfice d'inventaire faute d'avoir fait inventaire dans les délais impartis par les articles 794 et 795. C. N.

1°

Demolombe, t. 15, n° 144, s'exprime ainsi :

3° Il faut enfin, avons-nous dit, que l'inventaire soit fait *dans les délais déterminés* par la loi.

Est-ce à dire que l'inventaire doit être fait dans le délai de trois mois et quarante jours, qui est organisé par les articles 795 et suivants?

Oui, en ce sens que l'héritier peut être forcé à prendre qualité, après l'expiration de ce double délai, qui lui est accordé précisément pour faire inventaire et pour délibérer;

Non, en ce sens que, même après l'expiration de ce délai, l'héritier peut toujours faire l'inventaire, et cela pendant trente ans, tant que les choses demeurent entières.

Et telle est la disposition de l'article 800 :

» L'héritier conserve néanmoins, après l'expiration des délais
» accordés par l'article 795, même de ceux donnés par le juge, con-
» formément à l'article 798, la faculté de faire encore inventaire et
» de se porter encore héritier bénéficiaire, s'il n'a pas fait d'ailleurs
» acte d'héritier, ou s'il n'existe pas contre lui de jugement passé
» en force de chose jugée, qui le condamne en qualité d'héritier pur
» et simple. »

Il est vrai que cet article 800, tel qu'il avait été proposé par la section de législation, renfermait, en outre, une dernière disposition ainsi conçue :

« Mais cette faculté ne s'étend pas au delà d'une année, à compter
» du jour de l'expiration des délais ; l'héritier ne peut ensuite
» qu'accepter purement et simplement ou renoncer ».

Et on ne saurait méconnaître la valeur des considérations sur lesquelles les auteurs du projet se fondaient pour limiter ainsi au délai d'un an la faculté de faire inventaire, afin de pouvoir accepter bénéficiairement ; il est évident, en effet, que l'inventaire présentera d'autant moins de garanties, à mesure qu'une plus longue durée de temps se sera écoulée depuis l'ouverture de la succession ; c'était précisément le remarque que la Tribunal de Cassation avait faite.

Aussi, Justinien, le fondateur de ce bénéfice, avait-il limité à trois mois ou à un an, suivant les circonstances, le délai accordé a l'héritier pour faire inventaire.

Toutefois, cette idée d'un délai, dans lequel l'inventaire devrait être nécessairement dressé, n'avait pas été admise autrefois en France, même dans les provinces de droit écrit ; et si, dans les provinces coutumières, les lettres de bénéfice d'inventaire devaient être obtenues dans le délai d'un an, d'après une pratique, dont la disposition précitée du projet de notre Code paraissait être une réminiscence, il faut ajouter que ce délai n'avait rien de fatal et qu'il était très-facile à l'héritier, qui l'avait laissé expirer, d'être relevé de cette prétendue déchéance par une clause insérée à cet effet dans les lettres royaux.

Généralement donc, l'héritier pouvait faire inventaire dans les trente ans, après avoir été admis au bénéfice d'inventaire.

Les auteurs de notre Code ont consacré, sur ce point, notre ancienne jurisprudence; et par le motif que, dans beaucoup de cas, *il serait trop rigoureux d'exclure l'héritier du bénéfice d'inventaire, après le terme d'une année*, ils ont supprimé la disposition qui, dans le projet, formait le dernier alinéa de notre article 800.

2°

CHABOT. — *Des Successions, sur l'art.* 795.

Le délai pour faire inventaire commence à compter du jour de l'ouverture de la succession; et, comme il n'est que de trois mois, on pourrait en conclure qu'après les trois mois, depuis l'ouverture de la succession, l'héritier ne pourrait plus faire inventaire, ni même continuer celui qu'il aurait commencé.

Cependant il est hors de doute qu'il peut, après trois mois, et pendant les quarante jours qui lui sont accordés pour délibérer, continuer et même commencer l'inventaire.

Et en effet, puisque, d'après l'article 797, il ne peut être contraint à prendre qualité qu'après l'expiration des deux délais de quatre mois et dix jours, qui lui sont accordés pour faire inventaire et pour délibérer, il est évident qu'il a le droit de faire, pendant ces deux délais, tout ce qui peut lui procurer des renseignements sur la succession; et d'ailleurs les créanciers n'ont pas d'intérêt à ce que, s'il n'a pas fait et terminé l'inventaire dans les trois mois, il soit privé de la faculté de le faire dans les quarante jours qui suivent, puisque ce n'est toujours qu'après ces quarante jours qu'ils peuvent agir contre lui.

bientôt, qu'après l'expiration des deux délais, l'héritier peut encore faire inventaire ; et seulement, dans ce cas, l'héritier supporte personnellement, aux termes de l'art. 799, les frais frustratoires que son retard peut avoir occasionnés.

§ II

L'HÉRITIER BÉNÉFICIAIRE PEUT FAIRE TOUS ACTES UTILES POUR SON ADMINISTRATION, SANS ENCOURIR LA DÉCHÉANCE DU BÉNÉFICE D'INVENTAIRE, ET SANS AUTORISATION DE JUSTICE.

1°

Arrêt de Paris, du 7 juillet 1850 (S. v. 50. 2. 453).

LA COUR :

Considérant qu'aucune disposition de la loi ne prescrit l'intervention de la justice ni l'autorisation préalable des tribunaux, pour les transactions qu'un héritier bénéficiaire peut avoir intérêt à consentir ;

Considérant qu'en soumettant d'une manière expresse à cette autorisation, par les art. 796 et 806, Cod. civ., **986, 987, 988 et 989,** Cod. proc., les demandes à fin de vente des meubles ou des immeubles dépendants d'une succession bénéficiaire, la loi a fait suffisamment connaître que l'héritier bénéficiaire restait libre de faire, sous sa propre responsabilité, tous les actes non spécifiés dans les articles susénoncés ;

Considérant que, si les tuteurs et les syndics ne peuvent transiger qu'après avoir accompli certaines formalités, et sauf l'homo-

L'article **800** dispose même expressément, comme on le verra

logation des tribunaux, cela résulte de ce que les tuteurs et les syndics ne sont jamais que des administrateurs pour compte d'autrui, et ne peuvent tenir le pouvoir d'aliéner que de l'autorité de justice, tandis que l'héritier bénéficiaire, personnellement propriétaire de l'hérédité, et, en cette qualité, toujours habile à se déclarer héritier pur et simple, trouve en lui-même capacité suffisante pour apprécier l'intérêt d'une transaction et pour y consentir ;

Considérant que, si, en transigeant, l'héritier bénéficiaire peut compromettre sa qualité, et devenir héritier pur et simple, c'est là une conséquence qu'il appartient à lui seul de prévoir et d'apprécier, et dont la loi lui a laissé l'entière responsabilité ;

Considérant, enfin, que les tribunaux ne pourraient, sans excès de pouvoir, en l'absence d'une disposition spéciale de la loi, affranchir à l'avance l'héritier bénéficiaire de la déchéance qui pourrait résulter de l'acte de transaction qu'ils auraient autorisé ;

Confirme, etc.

2°

Arrêt de Paris du 19 mars 1852. (S. V. 52. 2. 169).

La Cour :

Considérant qu'à la différence des art. 796, Cod. civ., et 986, Cod. proc., qui astreignent l'individu habile à se porter héritier, qui désire vendre, sans prendre qualité, des effets mobiliers susceptibles de dépérir, ou dispendieux à conserver, à demander, pour le faire, l'autorisation de justice, les art. 805, Cod. civ., et 989, Cod. proc., obligent l'héritier bénéficiaire qui a à procéder à des ventes d'effets

mobiliers seulement à faire effectuer la vente de ces effets par des officiers publics, aux enchères, après les affiches et publications accoutumées, en observant les formes prescrites pour les ventes de ces sortes de biens, sans aucunement prescrire la demande d'une autorisation de justice ;

Qu'au contraire, l'art 452, Cod. civ., oblige le tuteur de l'héritier bénéficiaire mineur à vendre les meubles toutes les fois qu'il n'est pas spécialement autorisé par le conseil de famille à les conserver ;

Que l'art. 77 du tarif du 10 fév 1807 confirme la distinction ci-dessus faite, en allouant une requête pour demande d'autorisation de vente d'effets mobiliers par l'individu habile à se porter héritier, agissant en conséquence des art. 796, Cod. civ., et 986, Cod. proc., et n'en accordant pas pour la vente faite par l'héritier bénéficiaire, en conséquence des art. 805, C. civ., et 989, C. proc. ;

Que l'avis du Conseil d'État, du 17 nov. 1807, approuvé le 11 janv. 1808, est spécial pour les ventes de rentes sur l'Etat, et permet de vendre sans autorisation les inscriptions de 50 fr. de rentes et au-dessous ;

Que les tribunaux ne peuvent, par une autorisation donnée hors des cas indiqués par la loi, faire cesser ou diminuer le complément de garantie qui résulte pour les créanciers de la succession bénéfi-ciaire de la responsabilité de l'héritier, relativement aux actes ren-trant dans l'administration légale qui lui est confiée ;

Que dans cette administration rentrent l'appréciation de la néces-sité ou de l'avantage de la vente du mobilier, de l'opportunité de cette vente, le choix de l'officier ministériel devant y procéder, et la fixation des mises à prix ;

Que l'héritier bénéficiaire a la même latitude que les tribunaux pour choisir, parmi les divers officiers ministériels ayant le droit de procéder aux ventes mobilières, celui dont le ministère peut être le plus avantageux, eu égard à la nature des effets mobiliers à vendre, spécialement de choisir un notaire, quand, comme dans l'espèce, il s'agit des ventes de droits mobiliers purement incorporels, d'adjudications de créances ;

Qu'en conséquence il n'y avait lieu, par la femme Jonquet, de s'adresser aux tribunaux, soit pour obtenir l'autorisation de vendre les deux créances mentionnées en sa requête, soit pour obtenir la désignation d'un notaire pour procéder à la vente de ces créances ;

Adoptant au surplus les motifs des premiers juges ;

Confirme.

Du 19 mars 1852. — Cour d'app. de Paris. — 1re ch. — *Prés..* M. Troplong, p. p. — *Concl.*, M. Suin, av. gén.

3°

DEMOLOMBE, t. 15, p. 298.

Quoi qu'il en soit, si l'on décidait que le Tribunal n'a pas le pouvoir d'accorder ou de refuser ces sortes d'autorisations à l'héritier bénéficiaire, nous croirions alors que cet héritier pourrait, en sa qualité de bénéficiaire, faire lui-même, au nom de la succession, tous ces actes, accepter ou répudier une succession échue au *de cujus*, procéder à un partage, hypothéquer un immeuble héréditaire, transiger.

Et nous dirions, avec Davot et Bannelier, que *c'est un héritier qui, espérant du profit, régit ce patrimoine-ci comme le sien.*

Il pourrait, disons-nous, les faire sous sa responsabilité ; mais

nous ne voudrions pas dire que ces actes-là dépassent nécessairement ses pouvoirs ; et tout au contraire! nous croirions qu'il aurait
eu le droit de les faire, s'il les avait faits de bonne foi, pour le plus
grand intérêt de la succession.

§ III

SYSTÈME DE COLLOCATION EN MATIÈRE DE SÉPARATION DE PATRIMOINE.

En cas de concours entre des créanciers hypothécaires de l'héritier, et des créanciers chirographaires du défunt, dont les uns ont
pris inscription dans le délai de six mois, et dont les autres ont né-
gligé l'accomplissement de la formalité, on commence par attribuer
aux créanciers du défunt qui se sont conformés aux prescriptions de
l'art. 2111, la somme qu'ils auraient obtenue dans la supposition
où tous les créanciers du défunt, s'étant mis en règle, la répartition
des sommes à distribuer eut dû avoir lieu entre eux seuls, et à
l'exclusion des créanciers hypothécaires de l'héritier.

Sur le surplus du prix des immeubles héréditaires, on colloque
ensuite ces derniers pour le montant intégral de leurs créances.

Le reliquat que cette collocation laisse disponible, est enfin par-
tagé entre les créanciers du défunt qui, faute d'avoir pris inscription
dans les six mois de l'ouverture de la succession, ou du moins avant
l'époque à laquelle les hypothèques des créanciers de l'héritier sont
devenues efficaces, se trouvent primés par ces derniers.

On suit une marche analogue en cas de concours entre des créanciers hypothécaires de l'héritier et des légataires dont les uns pri-
ment ces créanciers, tandis que les autres sont primés par eux.

(*Zacharia*, t. 5, pag. 222).

www.ingramcontent.com/pod-product-compliance
Ingram Content Group UK Ltd.
Pitfield, Milton Keynes, MK11 3LW, UK
UKHW021006120726
13693UKWH00004B/1799